홰치는 산

 천년의詩 008
해치는 산

1판 1쇄 발행 | 2004년 6월 15일
2판 1쇄 발행 | 2010년 4월 20일

지은이 | 문인수
펴낸이 | 김태석
펴낸곳 | (주)천년의시작
등록번호 | 제300-2006-9호
등록일자 | 2006년 1월 10일

주소 | (우110-034) 서울시 종로구 창성동 158-2 2층
전화 | 02-723-8668
팩스 | 02-723-8630
홈페이지 | www.poempoem.com
전자우편 | poemsijak@hanmail.net

ⓒ문인수, 2010. printed in Seoul, Korea

ISBN 89-90235-70-7

＊이 책 내용의 전부 또는 일부를 재사용하려면
　반드시 저작권자와 (주)천년의시작 양측의 동의를 받아야 합니다.

홰치는 산

문인수 시집

2010

■ 시인의 말

인간에게도 나무나 풀의 그것과도 같은 섬세하고도 집요한, 흰 뿌리가 있다면 그것은 바로 고향을 향한 그리움일 것이다.
자기존재의 발원, 고향이란 그러나 멀거나 가까운 어떤 공간이 아니라 이제는 도저히 가 닿을 수 없는, 시간의 아득한 저 편일 것이다.
이 땅의 神이옵신 그리움은, 그리운 것들은 그런데 왜 하나같이 궁핍한가, 가련한가, 지리멸렬한가, 그러한데도 또 어찌하여 하나같이 아프게 아름다운가.
이 시집에 나오는 장면 장면, 그 내용들은 거의 전부가 실화다. 내가 나고 자란 곳에서 듣고 보고 냄새 맡고 씹어먹어 본 것들을 기록했다. 그렇다. 단지 이렇게 기록하고 싶었다. 그러나 여기 적지 못한 이야기들이 훨씬 더 많아 안타깝다.

■ 차 례

I 방올음산 이야기

방올음산 —— 13
방올음산 이야기 —— 14
홰치는 산 —— 16
간통 —— 17
四月 —— 18
참꽃 —— 20
매춘 —— 22
매춘 1 —— 23
매춘 2 —— 24
밤길 —— 25
그들만의 집 —— 26
산불 —— 29
선거릿재 —— 31
길의 끝 —— 32
개똥밭 —— 33
분향하고 싶다 —— 34

II 그리움이 내는 길

오줌―겨울소 ―― 39
오줌―白川 ―― 40
오줌―자주감자 ―― 41
풀뽑기 ―― 42
선석사 ―― 44
칼국수 ―― 45
달암치재 ―― 46
눈물 ―― 47
봉선화 ―― 48
학질 ―― 49
보리밥 ―― 50
밤하늘 ―― 51
내가 그를 묻었다 ―― 52
씨름 ―― 54

III 지금은 다만 긴 강

정월 —— 57
모과 —— 58
오줌—아버지 —— 59
여름밤 —— 60
대티고개 —— 61
尋牛圖 —— 62
미루나무 —— 64
앉아보소 —— 65
붉은 적삼 —— 66
보리 —— 67
창포 —— 68
매화 —— 69
복사꽃제 —— 70
가묘 —— 71
머위 —— 72

IV 아버지의 빈주먹

담쟁이 넝쿨 이야기 ——— 75
단감나무이야기 ——— 76
봄, 1952년 ——— 78
찔레 ——— 80
팔월 ——— 81
11월 ——— 82
한식 ——— 83
입암리 ——— 84
칠월 ——— 85
고향 사람 ——— 86
오줌—몸, ——— 87
낙동강 ——— 88
지리산 ——— 89
오줌—3월, 섬진강 ——— 90
겨울산 ——— 91
반달 ——— 92

■ 해 설
"神이옵신 그리움"을 통해 가 닿는 존재의 "뿌리" ㅣ
유성호 ──── 93

방울음산 이야기

I

방울음산

저 산이 흰내를 흘려보낸다.
흰내에 큰물 질 때도 있다.
그러면 그 물 건너 물꼬 보러 간다.
소꼬리 붙잡고 천천히
시뻘건 물살 속으로 천천히 몸 밀어 넣던
몸 감기던 아버지, 나도 용 쓰며
둑 위 진창에다 발끝을 박았다.
거듭 발끝을 박으니 부르르
부르르르르 땡기며 복받치던 거
저 산의 뿌리를 느낀 적 있다.

방울음산 이야기

 방울음산은 경상북도 성주군 초전면 용봉리의 북쪽 머리맡을 오래 지키고 앉아 있습니다. 또 고향 생각 첫머리에도 항상 이 산이 솟고요.
 해발 칠백팔십이 미터인 이 산은 마치 삼각의 푸른 종 하나가 하늘 깊이 걸려 있는 그런 형상을 하고 있습니다. 그래서 이 산은 懸鈴山 또는 鈴山으로 기록되어 있지요. 실제로 그 옛날엔 이른 새벽이거나 늦은 저녁이면 은은한 종소리가 온 고을에 울려 퍼졌다고 합니다. 그 종소리 울려 퍼져 널리 사람의 정신을 맑히고 지친 몸 한없이 추스르게 했대서, 그런 '방울音 나는 山'이라 해서 方兀音山으로 적혀 있기도 합니다. 이 고장 사람들은 지금까지도 이 이두식 표기를 좇아 방울음산 바우람산 바아람산 등으로 편하게 부르고 있지요.
 방울음산에는요, 전설이 아니라 실물의, 살아가는 일의 소의 요령 소리로 자자했습니다. 이 산발치를 타고 인접 금릉군 부상면과 칠곡군 북삼면으로 넘어가는 고개, 선거릿재가 있는데요, 소장수들의 소몰이나 장짐바리들이, 나뭇짐 나락짐을 실은 달구지들이 저무도록 새도록 줄지어 이 고개를 넘나들었습니다.
 소여, 소는 대체 이 누리 이 누릿사람들에게 무엇이

었습니까. 소의 요령 소리로 꽉 찬 산, 그렇다면 방울음산, 하늘의 종으로 거대하게 걸릴만도 하지요. 그 달빛 부수는 시린 요령 소리를 들으며 나는 잠들었고, 새벽 놋요강 끌어 당기는 소리에 섞여 요령 소리는 또 내 잠을 흔들어 깨우곤 하였습니다.

생각하면 참 방울음산 그 아래 자고 일어난 사람들, 살다 죽은 사람들, 아버지의 농경에도 힘줄에도 아 그 파란만장에도 산의 푸른 종소리 흐르고 있었나 봅니다.

홰치는 산

방올음산은 북벽으로 서 있다.
그 등덜미 시퍼렇게 얼어 터졌을 것이다 그러나
겨우내 묵묵히 버티고 선
산
아버지, 엄동의 산협에 들어 갔다.
쩌렁쩌렁 참나무 장작 찍어 낸 아버지,
흰내 그 긴 물머리 몰고 온 것일까
첫 새벽 홰치는 소리 들었다.
집 뒤 동구 둑길 위에 아버지 우뚝 서 있고
여명 속에서 그렇게 방올음산 꼭대기 솟아올라
아, 붉새 아래로 천천히 어둠 가라앉을 때
그러니까, 이제 막 커다랗게 날개 접어 내리며
수탉, 마당으로 내려 서고
봄, 연두들녘 물안개 벗으며 눕다.

간통

 이녁의 허리가 갈수록 부실했다.
 소문의 꼬리는 길었다. 검은 윤기가 흘렀다.
 그 여자는 삼단 같은 머리채를 곱게 빗어 쪽지고 동백기름을 바르고 다녔다. 언제나 발끝 쪽으로 눈 내리깔고 다녔다. 어느 날 또 이녁은 샛녘에사 들어왔다. 입은 채로 떨어지더니 코를 골았다. 소리 죽여 일어나 밖으로 나가 봤다. 댓돌 위엔 검정 고무신이 아무렇게나 엎어졌고, 달빛에, 달빛가루 같은 흰내의 모래가 홍건히 쏟아져 있었다. 내친김에 허둥지둥 그 여자의 집으로 달려 갔다. 방울음산 꼭대기에 걸린 달도 허둥지둥 따라 왔다. 해 묶은 싸릿대 삽짝을 지긋이 밀었다. 두어 번 낮게 요령 소리가 났다. 뛰는 가슴 쓸어 내리며 마당으로 들어섰다. 댓돌 위엔 반듯 누운 옥색 고무신, 고무신 속을 들여다 봤다. 아니나 다를까 달빛에, 달빛가루 같은 흰내의 모래가 오지게도 들었구나, 내 서방을 다 마셨구나, 남의 농사 망칠 년이! 방문 벌컥 열고 년의 머리끄댕이를 잡아챘다. 동네방네 몰고 다녔다.
 소문의 꼬리가 잡혔다. 한 줌 달빛이었다.

四月

 방올음산의 4월은 환장이다. 진달래가 그렇게 온 산을 뒤덮었다. 산의 남쪽으로 안겨 있는 우리 마을, 우리 고장에서들 올라오는 길이 산꼭대기에까지 구절양장으로 이어져 있고 그 가파른 보릿고개, 고픈 뱃속이 또 왈칵 뒤집힐 듯 숨가쁜 그 길은 질겼다. 질긴 명줄처럼 다른 데로는 내려가지 않았다.
 그러나 등 돌려 내려다 보면 객지로 나가는 하얀 신작로가, 먼 기적 소리가 길게 발 아래 깔리면서 넝쿨처럼 한없이 마음을 감았고 좀 멀리 새파란 낙동강이 눈썹을, 타는 목젖을 적셨다. 낙동강엔 그때 제방에 돌을 붙이는 대규모 호안공사가 한창이었는데, 사람들이 개미떼같이 붙어 일하는 광경을 가물가물 볼 수 있었다고 한다. 그렇지만 그 잡목 울창한 북쪽 비탈로는 어떤 길도 나 있지 않았으며 따라서 누구도 그 깜깜한 길 밖으로는 내려가지 않았다.
 그런데 어느 날 그가 돌아오지 않았다. 머슴살이하던 그가 돌아오지 않았다. 작파한 듯 혹은 꿈 꾸듯 그의 빈 지게가 산꼭대기에 버려져 나뒹굴고 있었을 뿐 나무하러 갔던 그가 돌아오지 않았다. 병든 그가 삼 년 만에 돌아왔다. 돌아온 지 두 달 만에 피를 토하며 죽었다.

또한 그의 온 몸을 뒤덮었던 시뻘건 돌 毒이, 아
　방울음산 진달래가, 친구여, 소주 받는 그대 가슴에
아버지, 아버지, 아직도 활활 불 붙고 있다.

참꽃

참꽃 활활 부풀어오르는 봄날,
사내들은 무논에 나가 거름풀을 밟아 넣지요.

아시는지요, 우리네 사내들도 꽃 꺾어 한아름씩 아낙들에게 앵긴 일을…… 그렇지요, 저 50년대 60년대의 춘궁, 춘삼월에도 얼음 박힌 응달 가파른 산비탈을, 그 험한 보릿고개 기어오르며 사내들은 억세게 낫질을 했습니다. 한 해 농사에 쓸 거름풀을 베었지요. 그래요, 뼈 빠지게 허리 휘게 기어올라도 미끄러지고 나뒹굴고 깨지고요, 허기졌습니다. 그러면 또 여기 저기 왈칵,
　타오르던 불, 그 참꽃 꺾어
　먼 산, 방울음산 갔던 사내들 돌아옵니다.
　참꽃 꺾어 붉게 두건에다 꽂고, 소 머리에 길마 위에 풀짐 위에도 꽂고,
　황토 자갈길 길게 분답하게 돌아옵니다.
　노을 아래, 사내들 불콰하게 돌아옵니다.

　아낙들 참꽃 받아
　우물 가 오지 항아리에 가득 채웠지요.

오매! 합장 절하고픈
참꽃,

단내나는, 썩어 문드러지는 봄이었습니다.

매춘

오, 달빛 비린내가 난다.
이 달빛 언제나 청보리 냄새가 난다.

달 뜨자 방올음산 꼭대기 불쑥 솟아서
방올음산 아래 가문 들녘 훤히 눕다.
청보릿골 겹으로 깔고 달빛 덮고
달빛에 꿈틀꿈틀 청보릿대 비벼넣는,
그런 일이여 그런 일의 땀몸, 찝찔한 비애여.

오월 춘궁이 있었다.
몸 팔아 새끼들 먹인 그 여자가 있었다.

이 달빛 어디서나 방올음산 세우고
산 아래 척박한 땅,
그 풀빛 비릿한 눈물맛 풍긴다.

매춘 1

배 꺼질라 뛰지마라, 여름 한낮
두 살 터울씩 다섯 새끼 파리 물고 잔다.
웃목에 기대어 둔 겉보리 한 자루
풀썩, 죽어 있다 이 핏기없는 새끼들 내려다 본다.
큰 놈, 잠든 척 한다 하염없이
명치 끝 치밀며 원·한이 인다.
나는 이것으로 내 음기를 가리고
야음, 방올음산 달그리매 속으로 꼬리 감춘다.

매춘 2

그대 뜨신 열망과 또 그 다음 젖은 혐오 아래 널부러진 이 내 몸 잘 보인다. 그러나, 나는, 끝내, 이 비애만은 벗지 않았다.

밤길

성주장 갔다 온다.
사발막걸리 들이키고 시오릿길
만고강산이로구나.
황토 먼지 묻어 오르는 두루마기
빛두루마기 훨 훨
만고강산이로구나.

길 흔들린다.
 그래, 길 흔드는 달아, 나는 바로 걷도다 쾅 쾅 디디며 가도다 대티고개, 고갯마루 올라서면 보이나니. 오리 밖 저 동구 오동나무 꼭대기, 방울음산 꼭대기에 목 뺀 달아, 먹구름 속으로 드누나 또 삐죽 내다보는 달, 이 멀건 년의 등신아
 만고강산이로구나.

그들만의 집

 차를 몰고 가다보면 경치 좋은 곳마다 분통같이 이쁘게 지은 러브호텔들이 말대꾸처럼 꼬박꼬박 나타납니다. 캥기거나 땡깁니다. 그래, 사랑일 수도 있겠지요. 사랑, 종이컵 같은 집. "저런 러브호텔들의 역할을 우리네 산천의 보리밭이 감당한 시대가 있었지"라고 나는 동승한 친구들에게 너스레를 떤 적 있는데요, 이삭 팰 무렵 시퍼렇게 일렁이던 달빛 비린 보리밭, 그 보리밭에서 연애해 맺어졌다는 어떤 부부 이야기, 오십여 년 전 우리 고향 마을에 살았던 한 노인 부부의 이야기가 생각납니다. 그들 부부는 슬하에 자식도 없고 사는 형편 또한 찢어지게 가난해서요, 그랬지만 부부 금실만은 근동에까지 자자하게 좋았다는데요, 그런데 어느 날부터인가 불쑥 할아버지 쪽에서 입에 담지 못할 변화가 생겼다고 합니다. 그것은 다름 아닌 할머니에 대한 할아버지의 호칭 문제였는데요, 나무하러 가거나 들에 나가거나 장에 갔다가 돌아왔을 때 할머니가 보이지 않으면 온 동네를 찾아 헤매며 누구든 붙들고 그 망칙한 호칭을 예사로 사용했다고 합니다. 우리 집사람 안사람도 아니고, 마누라 할멈 할망탕구도 아니고, 밥쟁이도 아니고 하 이 무슨 대 결단, 결론인지요 "내 좆집, 좆집 못

봤는가?' 였다고 합니다. 그러니 물론 온 동네 사람들이 킥킥거리거나 수군댈 밖에요. 그런데 더욱 해괴한 것은 이 호칭에 대한 할머니의 반응이었습니다. 동네 사람들의 이러 저러한 입방아에 그냥 무덤덤히 "그러면 어떠냐, 놔 두람" 이 한마디로 잘라 대답하고 그저 빙그레 웃기만 했다고 합니다. 할아버지 역시 남의 손가락질 따위 전혀 아랑곳하지 않고 그 몹쓸 여성비하의 호칭을 계속 사용한 거지요. 그런 세월 십여 년, 그러나 그 무엇이든 참 간절한 세월은 본래 모난 데를 둥글게, 부드럽게 깎는 법. 좆집, 이 험한 말도 손때 묻은 호미자루처럼 한평생 드나든 문지방처럼 아니, 잘 닳은 절구공이처럼 동네 사람들 마음에도 이윽고 절친해 졌을 겁니다. 그러다가 어느 해 할머니 죽고, 달포도 못 넘겨 할아버지도 죽고, 동네 사람들 고인의 간곡한 유언에 따라 할머니한테 합장해 드렸다고 합니다. 그리하여 이제 서로에게 온전히 엎어져 지붕이 된 봉분, 그 무덤 지금 어디에 있는지 알 수 없습니다. 다만 전심전력, 전신을 기울여 함축한 몸, 그 영육의 완벽한 결속인 데가 바로 그들 부부만의 집이었겠지요. 그 불학무식한, 지독한 외설이 지은 집, 할아버지 할머니의 오래 된 집 한 채가 저 풋풋한 보리밭 먼 이랑 저녁노을 끝에 묻혀 깊고 붉어 따뜻합니다.

산불

   그 해 몹시 가물었어.
   모 낸 논 갈아엎고 콩 심은 들녘, 들녘이 다 타들어 가던 냄새더니
   겨울 닥치고 밤이었어.
   방울음산에 불났어.
   엇춰, 마을 사람들 웅성대며 불구경했어.
   긴 둑길에 늘어서서 불구경했어.
   콩잎 타듯 바짝 오그라든 얼굴들이, 폐농과 절량과 낫날 같은 분란들이
   먼 산 불빛에 일렁, 일렁, 섞였어
   일렁, 일렁, 빨려들고 있었어.
   등 굽은 소나무며 속 다 썩은 오리목,
   뒤엉킨 칡넝쿨도 저를 삼키며 불이 되는지
   저를 뿜으며 활 활 몰려올라 가는지
   불길은 내처 위로 흐르고
   가파를수록 불무리 잘 솟구쳤어.

   방울음산에 불났어.
   그리고 그 때
   방울음산 꼭대기가 한 번 커다랗게 용을 썼어, 방울

음산의 큰 키가
  캄캄한 밤하늘의 귀를 환하게 열고 들어갔어, 오

通天!

하늘로 밀어넣는 마지막 불꽃 보았어.

선거릿재

쟁기질하는 이녁 쳐다 본다.
쟁기질하다 말고 오줌 누는 이녁 쳐다 본다.
오뉴월 땡볕 아래 우뚝 솟은 산
방올음산 산밭치에 선거릿재 있다.
재 넘어 지척간 시집 와서
재 너머 그 마을 재에 가려 안 보이고
한 해 두 해 갈수록 아니 보이고
방올음산 쳐다 본다 살다가 물끄러미
쟁기질하는 이녁 쳐다 본다.

길의 끝

방울음산이 길을 보여 주었다.
그때 문득 몸이 자라 올라가 본 지상의 맨 꼭대기,
한 아름씩 꺾어안은 참꽃도 잊고
방울음산이 뿌리 내린 길들의 비밀을 본 적 있다.
길들은 참 고요하고 흰, 쉬운 문맥 같았다.
학교 가는 길 읍내 가는 길 들로 나가는 여러 길이,
굽이 돌아 등 너머 안 보이던 곳까지
마을에서 마을로 가는 길이 잘 풀렸다 절대로
길들은 다른 데로는 가지 않았으며
그 길의 작고 아름다운 사람들 아무도 누추하지 않
았다.
다리 아프지도 배 고프지도 허리 휘지도 않았다.
요령소리 선소리 뙷소리도 없이
꽃상여 한 채가 남실남실 흘러가더니
망정리 뒷산에 가서 활활 불살라졌다.
그런가, 저 꽃보다 곱게 지던 길의 끝.

개똥밭

그대 흰내 건너 망정리 갈 때
냇바닥 살얼음판 가려 디딜 때

시린 하늘에 까아아아아 아아 까마귀 뜰 때

김가 이가 죽은 바람,
방울음산 바람 내려와 또 실없이
등 떠밀다 앞 가로막다
바짓가랭이 휘감을 때

그대 광목 홑두루마기 빛두루마기
여미는……

분향하고 싶다

　오일장은 이미 서지 않는다.
　장터거리만 썰렁, 해거름에 하염없이 남아 있다.
　농촌인구가 팔 할이 넘던 시절처럼
　삶의 왁자지껄한 그림자가 여기 저기
　난장마다 거뭇거뭇 몰리는 것 같다.
　농투성이 무지렁이 근동의 사람들, 흰 두루마기들, 수인사며 안부들, 우시장 소울음들, 뻥튀기 굉음들, 대장간 풀무질이며 몽그라진 연장들, 장돌뱅이 땜쟁이며 야바위꾼이며 엿장수들, 국밥집들, 저녁 노을 시뻘건 국밥 냄새들, 취한 늙은이들, 달랑 들고 가는 간갈치나 간고등어들…… 그러고 보니 기억들은 아직도 비리다. 비려서 생생하게 살아나는 장면들, 살아나 지금 막 지나가는 사람들, 그런데 왜 저 인생들은 대개 등 굽고 손톱 닳아빠졌는지, 더러는 또 부황 들었는지, 나는 그때 어려서 잘 몰랐던 일들, 저런 저런 왜 다들 앞날이 막막하며 뻐까번쩍하지 못한가, 별볼일 없는가. 그런데 또 한 어찌해 아름다운지… 지긋이 핏줄 당기는, 그리움이란 힘세다. 그 장꾼들,
　고속도로 공사에 들어간 막돌들처럼
　저 이쁜 건물들 밑에, 저 너른 골프장 밑에 들어간 농

토나 거름처럼
　묘비도 봉분도 없이
　여기 이 파장 아래 옹기종기 묻혀 있는 중이어서
　대규모 재래식 공동묘지를 방불케 하는데
　당신들의 마을엔 또 백 년, 대꽃 피었을까
　분향하고 싶다. 깊이,
　두 번 천천히 절하고 싶다.

그리움이 내는 길

II

오줌
―겨울소

　겨울밤이었습니다. 밤마실 갔다가 돌아오는 길은 쭈뼛쭈뼛 무서웠습니다. 와락, 삽짝을 밀 때 뒷덜미 잡아채이는듯 더 무서웠습니다. 오줌 마려웠습니다. 외양간 소 앞에 가서 오줌 누었습니다. 소는 내내 내 오줌 냄새를 맡으며 푸우, 푸, 거친 숨 내쉬며 허이연 이 치켜 들었습니다. 그러면 나는 또 소의 콧등 따라가며 오줌발을 겨눴습니다. 쩔렁쩔렁 소의 요령 소리 따라 내 오줌발 솟구쳤고,

　소의 요령 소리에 바짝 붙으면 쩔렁쩔렁 드높이 높이 올라갔습니다. 바람 소리, 대바람 소리, 먼 산 늑대 소리 그걸 다 누르며 올라갔습니다. 쩔렁쩔렁 달빛 타고 올라갔습니다. 오줌발은, 그 길고 긴 뜨신 끈은 어디까지 닿았을까요, 밤중에도 소의 고삐는 이랴, 이랴, 아버지에게 닿아 있었던 걸까요―너 이놈, 또 소한테 오줌 놓구나, 아버지가 말했지만 나는 어느새 깊이 잠들곤 했습니다.

오줌
― 白川

갈갯들 가로 지르는 흰내 거슬러 올라 갔다.
냇둑 따라 올라가며 소 먹였다.
소 풀 뜯는 거 보다가, 소 오줌 누는 거 보다가
나도 급기야 오줌 누었다.
방울음산이 갈겨대는 흰내 물줄기
그 물살 위에 그대로 오줌 갈겼다.
그 길고 긴 뜨신 끈 다 풀어 섞는 일
오줌 누고 고개 들면 방울음산 꼭대기,
방울음산 꼭대기가 부르, 부르르 떨었다.
부르르 떨고 根 털고 나면 갈갯들이
흰내 따라 갈갯들이 새로 잘 펼쳐졌다.

오줌
— 자주감자

가을볕 돌담에 녀석들이 붙어 섰습니다.
땟자국 낀 얼굴들 자주색깔 돕니다.
저 녀석, 허리춤 까고 돌아서서 오줌을 갈깁니다.
히 히, 다른 녀석이 냉큼 따라 붙고요,
또 한 녀석, 또 한 녀석이
녀석들 너댓 있는 대로 히 히 히 그럽니다.
뒤꿈치 꼰아들고 냅다 용을 쓰면
길고 긴 뜨신 끈,
산꼭대기 꼭대기에까지 오줌발을 댑니다.
그러구러 자꾸, 녀석들의 根 굵어 갑니다.
방울음산이 그걸 다 내려다 보고 있습니다.

풀뽑기

   아버지 따라가 묵정밭을 맨 적 있습니다 쇠비름풀 여뀌 바랭이 서껀 이런 저런 잡초들 수없이 뽑아 던졌습니다 검붉은 맨살의 흙이 드러나면서 밭뙈기 한 두락이 새로 나는 것 볼 수 있었습니다 아버지, 일평생 마침내 논 서른 마지기 이루고, 그러나 송충이 같은 자식들 그 푸르게 일렁이던 논들 다 갉아먹어 버리고 빈 들 노을 아래 서 있던……

   아버지, 이른 중반 넘어서면서 치매 앓으셨습니다 처음에는 세상사 관심거리가 하나 둘 줄어들더니, 마을이나 집안 대소사는 물론 식솔들의 잦은 불상사에 대해서도 영 남의 일이 되어 갔습니다 그리고 나서 아버지, 사람을 알아보지 못했습니다 나중에는 당신의 자식들, 심지어는 늘 곁에서 수발 드는 어머니보고도 당신 누구요, 우리 집사람 못 봤오, 했습니다 그리고 그런 다음 아버지, 이미 다 팔아 치우고 없는 농토, 그 논에 물꼬 보러 간다며 나섰습니다 없는 소, 없는 일꾼들을 부렸습니다 품안의 새끼들을 어르고 입안의 혀 같은 당신의 아내와 자주 두런거렸습니다 그러기를 십여 년, 어느날 아버지 검불같이 남아 있던 당신의 육신까지도 뽑아 던졌습니다 그렇게 돌아가신……

아버지, 비로소 아버지의 풀뽑기가 마저 끝났습니다 번듯하게 눕는 아버지의 땅, 그곳으로 드는 아버지, 아버지, 보였습니다

선석사

  사월 초파일이면 이 절에 왔습니다.
  사람 구경 싸움구경 왔었지요 아니, 여차하면 나도 한 판 붙고 싶어 왔었지요. 놈의 이마를 돌로 찍었습니다. 대웅전 뒤 산그늘 아래 한참 숨었다가 그 환한 두려움 밖으로 달아났었지요.
  사십여 년 만에 이 절에 다시 왔습니다.
  흰 불두화 커다란 대가리가 뭉게뭉게 멀쩡합니다.
  작은 날벌레들 무수히 들락거리고요,
  뭉게뭉게 자꾸 웃습니다.

칼국수

어머니, 여름날 저녁 칼국수 반죽을 밀었다.
둥글게 둥글게 어둠을 밀어내면
달무리만하게 놓이던 어머니의 부드러운 흰 땅.
나는 거기 살평상에 누워 별 돋는 거 보았는데
그때 들에서 돌아온 아버지 어흠 걸터앉으며
물씬 흙 냄새 풍겼다 그리고 또 그렇게
솥 열면 자욱한 김 마당에 깔려…… 아 구름 구름밭,
부연 기와 추녀 끝 삐죽히 날아 오른다.

이 가닥 다 이으면 통화가 될까.
혹은 긴 긴 동앗줄의 길을 놓으며
나는 홀로 무더위의 지상에서 칼국수를 먹는다.

달암치재

용이가 없어졌다.
꼴머슴살이하던 용이가 또 마을에서 없어졌다.
더 여러 번 구부러지면서 기적 소리가 넘어왔다.
비 오거나 흐린 날엔 더 길게 넘어왔다.
새벽같이 떠났는지
장터거리 곡마단의 검은 포장은 이미 걷혔고
말뚝 뽑은 자리엔
고인 빗물이 맑았다.

눈물

곤충채집 할 때였다.
물잠자리, 길앞잡이가 길을 내는 것이었다.
그 길에 취해 가면 오 리 길 안 쪽에
내 하나 고개 하나 있다.
고개 아래 뻐꾹뻐꾹 마을이 나온다.
그렇게 어느 날 장갓마을까지 간 적 있다.
장갓마을엔 누님이
날 업어 키운 큰누님 시집살이하고 있었는데
삶은 강냉이랑 실컷 얻어먹고
집에 와서 으시대며 마구 자랑했다.
전화도 없던 시절,
그런데 그걸 어떻게 알았을까
느그 누부야 눈에 눈물 빼러 갔더냐며
어머니한테 몽당빗자루로 맞았다.
다시는 그런 길
그리움이 내는 길 가보지 못했다.

봉선화

작은 누님도 시집 갔다.
곱게 물든 손톱 갖고 시집 갔다.
방올음산 산발치 선거릿재 너머 등골
화물차 타고 시집 갔다.
어머니 둑에 나가 방올음산 바라보았다.
울 밑에 앉아 봉선화 보았다 또
울 밑에 앉아 봉선화 보았다.
그 해 여름 봉선화 유난히 붉어
그 해 여름 봉선화 다 지고 말아
물에 손 시린 가을이 왔다.

학질

　물소리를 오래 들으면 발끝이 먼저 풀려나간다. 짧은 생각들이 발끝에서부터 졸졸졸 풀려나간다. 간지럽게 그렇게 풀려나간다. 좀 아프게 견뎌야 할 것도 하염없이 구르며 풀려나간다. 물소리를 오래 들으면 점 점 멍청해져서 땡볕에도 점 점 추워져서 나중에는 오싹 한기가 든다.
　오독하니 쪼그리고 앉아 오디 먹은 듯 입술이 질린 닭의장풀꽃.
　밥 먹어라, 부르는 소리 아직 없고 아이는 곱게 열을 앓으며 존다.

보리밥

 누구의 어머니였을까 그때, 야 이놈아 뛰지마라 배 꺼진다아 고래고래 고함쳐 우리들을 풀어놓고, 황토 언덕배기 위로 밀어올려 놓고 그 자리에 그만 풀썩, 주저앉아 버리던, 또 부스스 일어나던 生

밤하늘

 지상에서 생긴 온갖 소리는 저마다 한없이 날아 올라가 먼 우주 어느 캄캄한 자리에 생생하게 고스란히 쌓여있고 또 지금도 계속 쌓여 갑니다.

 어머니 아흔 고개 아래 귀가 아주 어두워졌습니다.
 저는 지금까지 몹시 아팠고 슬펐으며 수없이 절망하고 또 미친 듯 자주 분개하였습니다.
 저의 그런 저런 소리들은 남김없이 모두 당신에게 사무쳤겠지요.
 어머니 어두운 귓 속, 밤하늘의 저 잘 닦인 별들은
 기나 긴 세월동안 아직도 반짝반짝 안쓰럽습니다.

내가 그를 묻었다

　내게 이런 비밀이 하나 있습니다. 열 한두어 살 그 무렵이었을 겁니다. 해마다 늦봄이면 그 거지 할아버지가 우리 마을로 들어섰습니다. 또 그해 늦가을이면 어디론가 떠돌아 나가고 보이지 않았지요. 그러니까 洞口 오동꽃 필 때 들어왔다가 오동열매 달그락거릴 때 흔적 없이 가버리곤 했던 겁니다. 그해 봄에도 어김없이 그 거지 할아버지는 나타났습니다. 씻지 않았거나 그을려서 그랬겠지만 거무죽죽한 낯빛이 몹시 초췌하였습니다. 등엔 예의 그 누더기로 싼 궤짝이, 집인지 짐인지 달팽이의 그것같이 눌러 얹혀 있었습니다. 또한 역시 아무것도 찾지 못한 채, 그 누구도 만나지 못한 채, 참 먼 길 돌아, 돌아왔었겠지요. 몇 가닥 흰 염소수염엔 침이 게게 흘러내렸고, 꾀죄죄하니 눈곱이 끼어 있었습니다. 느린 걸음걸이로 눈 내리깐 채 내 앞을 지나갔는데요, 여전히 무표정한, 생각이란 생각 다 꺼버린 것 같은, 말문 꽉 닫은 그런 얼굴이었습니다. 마을 어른들이, 영감! 염라대왕한테 불려갈 날도 머지 않았구먼, 해도 요동 없었습니다. 그때 그 거지 할아버지의 속을 들여다 볼 수 있었다면 아마 적막강산이었을 겁니다. 가도 가도 황톳길 인적 없었을 겁니다. 저녁 삽짝께가 적막하다 싶어 내다보면 아니나 다

를까, 그 할아버지가 그렇게 기척 없이 밥 빌러 와 서 있었지요. 그러던 어느 가을날 나는 참으로 느닷없이 그 거지 할아버지한테 굉장히 큰 소리로 아침 잡쉈습니까, 하고 꾸벅 인사를 해버렸습니다. 이 장면이 바로 그 비밀인데요, 동네 어른들께 인사 잘 해야 한다고 무서운 우리 아버지 늘 그렇게 닦달하듯 가르쳤거든요. 그날 따라 왠지 문득 꼭 그래야만 될 것 같았습니다. 아니, 평소 그 할아버지한테만 인사하지 않았던 나는, 내가 무척 나쁜 놈 같았습니다. 어린 마음의 그러한 짐을 쿵 내려놓았던 걸까요. 아무튼, 나는, 그러나 막상 인사를 해 놓고는 얼른 주위를 살폈지요, 아무도 본 사람 없어 안심이다 싶었습니다. 또한 그때 그 거지 할아버지의 당황해하던 거동이라니, 한참, 정말로 한참 후에야 그가 겨우 실낱같이 웃었습니다. 그 실낱 같았던 웃음을 지금도 뚜렷이 기억하는데요, 이후 나는 그 거지 할아버지를 다시는 볼 수 없었습니다. 다만 아름드리 오동나무 저 높다란 가지 끝엔 그믐, 그믐달 하나 걸려 날 보고 어렴풋이 실낱같이 웃고 있는데요, 달그락, 달그락거리는 수 천 수 만의 가을 목탁 소리를 배경으로 아주 가벼운, 가볍고 아름다운 저 일획, 저렇듯 편안히 암흑 속으로 드는 겁니다.

씨름

나는 죽어 으스름 달밤을 입고 있다.
나는 죽어 방올음산 꼭대기에 앉아 있다.
혹은 고갯마루 돌무더기 속에 스며 있고
배다리들 곶집 속에 누워 있다.
나는 죽어 써늘한 바람
저 부엉이 소리에 잘 묻어난다.
그 언제 나는 죽고
그대가 더러 나를 지울 때
나는 그대 땀 냄새 속에다 코를 박고 싶다.
 나는 그대 뒤를 밟는다. 나는 팔대장승만하다. 그대 뒤꿈치 툭툭 친다. 그대 뒷덜미 잡아채고 물웅덩이에 처박을까 가시덤불에다 굴릴까보다 쭈뼛! 그대 머리카락 곤두 세워서 한바탕 그대 간담을 스치면 그대 어흠 어흠 헛기침 토해 놓는다. 그러면 나는 배를 잡고 웃는다. 웃다가 그대 왼배지기에, 첫닭 우는 소리에 나는 그만 황급히 나자빠진다.
 나는 죽어,
그대 손때 묻은 몽당빗자루로 누워 있다.
새벽비 부슬거리는 마당귀 한 쪽에
흙가루 뒤집어 쓴 채 곤히 자고 있다.

지금은 다만 긴 강

II

정월

농촌 들녘을 지나는데 춥고 배고프다.
저 노인네 시린 저녁이 내 속에서
둥 달 듯 둥 달 듯 불을 놓는다.
꽃 같은 불 쪽으로 빈 들판이 몰린다.
거지들 거뭇거뭇 둘러앉는 것 같다.
발싸게 벗어 말리며 언 발 녹이며
구운 논두렁도 맛있겠다.
그 뱃속 깊은 데 실낱 같은 도랑물 소리,
참 남루한, 어두운 기억을 돌아오는데도 피를 맑히는
이 땅의 神이옵신 그리움이여.

모과

　모개 혹은 샀부리라 불린 사내가 있었다. 누렇게 부황 든, 좀 모자라는, 못생긴 사내가 있었다. 무엇이 마냥 금빛 기쁨인지 히죽히죽, 누렇게 웃는 사내가 있었다. 그런 빈 뱃속으로 사람 좋은 얼굴로 자꾸 사람들 속으로 들어가는, 궂은 일마다 불려가는 사내가 있었다. 잔칫집 마당설겆이에 동네방네 靈輿나 매는 사내가 있었다. 가문 산비탈에 붙어앉아 한 끼를 버는, 그 막막한 등줄기의 멍에의 밭을 다 매고 나서 꽉 찬 어둠 속으로 느리게 돌아오는, 참 달게 밥을 먹는, 그러나 더 자주 굶었으니 누렇게 앓아눕는, 부시시 일어나는 사내가 있었다. 거적대기에 둘둘 말려 묻혀버린, 아무런 짐없는, 그러니까 누구의 짐도 아닌, 그리하여 깨끗이 잊혀졌다 또 빈 가을의 가지 마다 부숙부숙 떠올라 누렇게 웃는, 이제 와 한없이 향기로운 저, 모개 혹은 샀부리라 불린 사내가 있었다.

오줌
— 아버지

하관을 하고 어허, 달구 마쳤다.
야트막한 산, 산세 흘러내리는 대로 따라 내려오니,
산 아래 오니 오줌 마렵다.
(아버지!) 붉은 봉분 올려다보며 오줌 눈다.
根 끝, 예까지 흘러내리는 산,
이 길고 긴, 뜨신 끈이여.

여름밤

저인망의 어둠이 온다.

더 많이 군데 군데 별 돋으면서
가뭄 타는 들녘 콩싹 터져오르는 소리 난다.

가마솥 가득 푹 삶긴 더위,
솥검정 같은 이 더위를 반짝반짝 먹고 있다.

보리밥에 짱아찌 씹듯
저 별들이 먹고 있다.

대티고개

장날과 장날 사이에 대티고개 있다.
성주장 초전장 사이에 대티고개 있다.
오르막이 있으면 내리막이 있다는 거
그런 말 같은 밋밋한 고갯길
그런 고개 넘어 사람들은 장을 세우고
대장간 불 끓고 국밥 끓어 올라
고갯마루에 올라서면 사람 냄새 나는
시오릿길 중간에 대티고개 있다.

尋牛圖

　황소 한 마리가 외양간을 꽉 채우고 엎드려 있는 것만큼 마음 든든한 광경도 없을 겁니다.
　그날 밤 따라 검둥이란 놈이 유난히도 짖어댔습니다. 한 십 년 먹인 수캐였는데, 매우 영리해서 사람의 말귀를 잘 알아들었지요. 한 가지, 이 검둥이란 놈에겐 기이한 점이 있었습니다. 그것은 바로 놈의 잠자리였는데요, 마루 밑에 마련해 준 제 잠자리는 거들떠도 아니 보고 늘 외양간에 가서 잤습니다. 엎딘 소의 옆구리께에 턱하니 기대어 짚북더기에 코를 박고 잤는데요, 그날은 동네 암캐라도 좇다 온 것인지 밤 이슥한 시간에 그토록 떠나갈 듯 짖어댄 것입니다. 아버지가 야 이 놈 검둥아 그만 좀 짖어라, 누운 채 몇 번 나무랐지만 막무가내였습니다. 아버지의 음성을 듣자 개는 오히려 더 극악스레 짖어댔습니다. 개 짖는 낌새가 이거 심상찮다 싶었던지 아버지 대충 걸쳐 입고 방문 벌컥 열고 뛰쳐나갔습니다. 소가 없어진 겁니다.
　텅 빈 외양간 앞에 텅 빈 아버지가 망연히 서 있었습니다. 계속 아버지를 뒤흔들기라도 하듯 마구 짖어대던 검둥이란 놈이 땅에다가 코를 대며 삽짝 밖으로 냅다 달려나갔습니다. 금세 또 아버지 앞으로 되달려 오면서 미친

듯 짖어대는 거였지요. 그러기를 수 차례, 이윽고 아버지가, 알았다, 가자, 하면서 자전거를 꺼내 탔습니다. 검둥이란 놈이 기다렸다는 듯이 휭하니 앞서 달려 나갔습니다.

  소를 찾았습니다. 아버지의 이야기는 이러하였습니다. 검둥이란 놈은 동구 밖을 벗어나자 그때부터는 짖지도 않고 가끔 땅에다가 코를 대거나 아버지를 기다리거나 하면서 내쳐 적당히 달리기만 했다고 합니다. 달이 기울고 어느 마을 첫닭 울 무렵이었을까요, 우리 사는 곳에서 오십 리나 떨어진 왜관 인도교에 이르러 마침내 도둑을 발견했다고 합니다. 아버지의 고함 소리에, 다시 개짖는 소리에 혼비백산한 도둑은 그만 소의 고삐를 놓고 걸음아 날 살려라 줄행랑을 쳤고요, 물론 검둥이란 놈이 한 입에 집어삼킬 듯 도둑의 꽁무니를 향해 돌진했지요. 그러나 그때, 우리의 소가 크고 환하게 몸을 돌렸기 때문이었을까요, 아서라 됐다, 일평생 불 같았던 아버지, 캄캄했던 아버지, 들끓었던 아버지가 일순 검둥이란 놈을 말렸다고 합니다.

  동녘 일출을 후광으로 아버지와 소, 검둥이란 놈이 한데 어우러져 돌아오던 그 아침의, 붉새의 들녘을 기억합니다.

미루나무

저 동떨어지게 키가 커 싱겁다.
산너머 오십 리 밖 기적소리도 風向도 일단
이 나무에 먼저 감겼다 풀렸다 사윈다.
비쩍 마른 지식, 허우대 껑충한 홀아비 같다.
장마철 여러 날 거꾸로 세워놓은 마당빗자루 같다.
붓 같다 낙서 같다 목 긴 소주병,
유행가의 느린 몸 동작 같다 휘파람 같다.
슬 슬 동구 밖까지 걸어나가 하염없이
길쭉한 저 마음, 창공엔 기러기 한 줄
그걸 또 슬쩍 건드려
우그리거나 다시 펴기도 하면서
끝 간 데까지 지켜본다.
서 있는 시간의 오랜, 먼 길 같다.

앉아보소

— 거, 앉아보소.
 늙은 여자가 강물 물 가까이 털썩 주저앉으며 말했다. 쉰 목소리로 말했다. 다 망가진 채 엉거주춤 돌아온, 쿨럭거리는 사내더러 한 번 말했다. 꺼질듯 낮게 말했다. 키가 껑충한, 그래서 그런 건지 낯짝 안 보이는, 아직도 허공에 매달려 떠돌고 있는 건지 낯짝없는, 낯짝없는 사내더러 여자가 말했다.

 여자는 오랜 세월, 장터거리에서 혼자 국밥집을 해왔다.
 저녁노을 그 아래 시뻘겋게 부글부글 끓어오르는, 그러나 쿨럭쿨럭 뒤엉키는 물,

 지금은 다만 긴 강.

붉은 적삼

소가 죽었습니다.
바깥 마당이, 서른 마지기의 들녘이 텅 비어 버렸습니다.
죽은 소를 미루나무숲으로 옮겼습니다.
脚을 떴습니다.
마을 사람들이 묵묵, 묵묵히 담아갔습니다.
나뭇가지에 적삼 벗어 걸어둔 것
펄럭펄럭 늑골 드러내면서
집에 들어가는 아버지한테선지
아, 소울음 소리가
엄청 시뻘건 비린내가 진동했습니다.
저녁노을이었습니다.

보리

어느 아파트에 갔다가 그 노인을 보았습니다. 팔순도 넘었다는 할아버지였는데, 두어 해 전부터 치매를 앓는 중이라고 했습니다. 노인은 가동과 나동 사이 아스팔트 마당을 골똘하게 걷고 있었습니다. 고개 숙이고 무릎 굽히고 뒷짐 지고 하염없는 왕복 계속하였습니다. 발끝에 힘을 주는 듯 잘근잘근 밟아나갔습니다 밟아나갔습니다 밟아나갔습니다 아,

보리밟기였습니다. 마침내 저 힘 센 보리가 무수히, 겨울 지난 보릿골이 꿈틀꿈틀 일어나더니 꿈틀꿈틀 길게 이어졌습니다. 유월 참 좋은 바람, 그런 풀비린내의 초록의 길을 고집불통의 한 사내가 오래 가고 있었습니다.

창포

창포를 보았다.
우포늪에 가서 창포를 보았다.
창포는 이제 멸종 단계에 있다고 누가 말했다.
그 말을 슬쩍 못들은 척 하며
풀들 사이에서 창포가 내다본다.
저 혼자 새초롬하게 내다보고 있다.
노리실댁/소래네/닥실네/봉산댁/새촌네/분네/개야네/느미/꼭지/뒷뫼댁/부리티네/내동댁/홈실네/모금골댁/등골댁/소독골네/갈갯댁/순이/봉계댁 우거진 한 쪽에 들병이란 여자도 구경하고 있다.
단오날 그네 맨 냇가 숲에서
여자들, 쑤근대며 눈 흘기며 삐죽거린다.
그 여자, 천천히 돌아서더니 그만
멀리 가 버린다 창포,
긴 허리가 아름답다.

매화

어느 처마 낮은 대폿집에 들고 싶다.
따순, 분통 같은 방 하나 있었으면 좋겠다.
지분냄새 자욱하여 불콰히 취기가 오른다면
육자배기로, 흘러간 유행가로 질펀 흘러갔으면 좋겠다.
젓가락 장단으로 아, 뚝 뚝 꺾어낸 억수장대비의 북채로
동백 동백 같은, 늙은 작부의 상처 또한 붉게 씹으리.
다시 한 사발, 여자의 과거사를 가득 부어 마시면
지리산, 악산 산 거칠수록 더 여러 굽이 굽이굽이 풀려서
그러나 물이 불어 시퍼렇게 자꾸 깊어가는 섬진강.
저 긴 긴 목울대 치받치며 끄윽 끅 꺾이며 흘러가는 거
보라, 逆鱗 떨며 떨리며 대숲은 섧고
또 섧다 난분분난분분 매화 뿌린다.

복사꽃제

　현홍들 둥그란 둘레로 복사꽃 인다.
　저 모락모락 피어오르는 분홍 암내가 연지 바르듯 번지듯 들을 두른다. 들을 두르고 와아 중심을 본다.
　대낮 한 복판, 마을에서 가장 실한 머슴이 벌거벗고 우뚝 선다. 뜨신 흙 깊이 말뚝 박는다. 씨 뿌리는 시늉하며 천천히 걷는다. 걸어 열 바퀴 커다랗게 돈다. 동네 젊은 아낙들이 둘러서서 숨죽이고 본다.
　바람 물고 잔뜩 부풀어오르는 치마폭, 치마폭, 치마폭,
　봄에 썩지 않는 절망은 없나니
　아지랑이아지랑이아지랑이아지랑이
　현홍들 하마 뱃살 트는지 자욱하게 근지럽다.

가묘

어머니를 미리 묻는구나.
아흔 고개 아래 여전히 모로 누워 잠잠한
저 굽은 등 안쪽의 남향받이를 기억한다.
우리집은 마을의 맨 북쪽 끝에 있었다.
집 뒤으로는 곧장 너른 갈갯들이 만판 펼쳐져
거기 숱한 무리의 북풍이 갈기갈기 설쳐댔다.
그 걸 또 끝내 다 지고 누우신다.
지상에 남는 시린 肉峰.

머위

　어머니 아흔 셋에도 홀로 사신다.
　오래 전에 망한, 지금은 장남 명의의 아버지의 집에 홀로 사신다.
　다른 자식들 또한 사정이 있어 홀로 사신다. 귀가 멀어 깜깜,
　소태 같은 날들을 홀로 사신다.

　고향집 뒤꼍엔 머위가 많다. 머위 잎에 쌓이는 빗소리도 열 두 권
　책으로 엮고도 남을 만큼 많다.
　그걸 쪄 쌈 싸 먹으면 쓰디쓴 맛이다. 아 낳아 기른 罪,
　다 뜯어 삼키며 어머니 홀로 사신다.

아버지의 빈주먹

IV

담쟁이 넝쿨 이야기

 아버지, 흙돌담장 아래 담쟁이 뿌리를 묻었다. 담쟁이넝쿨은 날마다 날마다 번져, 시퍼렇게 번져 나가던 아버지의 저 그리움, 그러나 숙부들은 돌아오지 않았다. 왜정 때 만주로 일본으로 떠돌아 나간 양반도, 6·25 전쟁 직후 북으로 넘어간 양반도 돌아오지 않았다. 소식 없었다.
 아버지, 담쟁이 넝쿨을 거두었다. 해마다 늦가을이면 단숨에 거두어 불살랐다. 이 놈의 세월! 번뜩이는 낫날로 썩둑썩둑 잘랐다. 한 두 뼘 밑둥만 남기고 다 잘랐다.
 또 기다리고 또 작파했다.
 차가운 땅 위로 뭉턱, 거칠게 솟은 그루터기, 여러 해 부르쥔, 아버지의 빈 주먹만 남아있곤 했다.

단감나무이야기

나는 그때 다섯 살이었습니다. 그러니까 내가 기억하는 6·25 전쟁이라는 것은 그저 거대한 불길입니다. 폭격 맞은 우리 집 아래 채가 활활 불타오르고 있었지요. 캄캄한 밤중이라 그 불 뿜는 어둠의 닐름거리는 표정이라니, 춤이라니, 단지 무서웠습니다.

그런데 그때, 아래채 한 쪽 곁에 서 있던 아름드리 단감나무가 불길에 함께 휩싸였는데요. 감나무는 죽어가다가 …… 몇 해에 걸쳐 가까스로 되살아났다고 합니다. 그것은 나도 알고 있는 일입니다만, 둥치에 입은 시꺼먼 화상을 해마다 조금씩 안으로 감싸안으며, 또한 불 탄 가지 잘라낸 자리엔 아픈, 아픈, 새싹이 터져 오르고요, 그리하여 감나무는 다시 새로 지은 아래채를 시원하게 덮어 나갔습니다. 먼 방울음산 꼭대기에까지 그 키를 높여 마침내 땡감이며 홍시 주렁주렁 매달았습니다.

열 살, 열 다섯 살 그 무렵이었겠지요. 나는, 내 또래들은 이 단감나무에 뻔질나게 매달렸고, 손에 닿는 대로 이 감 저 감 일일이 앞니로 찍어 씹어보곤 했습니다. 그러나 감 맛은 몹시 떫었습니다. 열에 일곱은 그랬습니다.

어머니는 세월 가면 돌아온다 괜찮아진다 숙모를 달랬지만, 실제로 아버지는 월북한 숙부에 대한 이러저러한 정을 차츰 잊어가는 듯도 했지만, 아니었습니다. 몇 해 전 아버지 돌아가시고,
 그 속내는 끝내 지금까지도 저 감나무 그 목탄의 쓰라림, 분노 뼛속 깊이 깨물고 있었지요. 그 지옥의 쓰디쓴 맛, 그 기억 오히려 하늘 높이 붉게 매달아놓고 있습니다.

봄, 1952년

萬山 진달래,

피 떨구듯 뚝, 뚝, 봄 가고

그렇게 두견새 울어 여름 가고

포연이여, 꼬리 감추고

다리 아래, 과수원 둑 아래 널부러져 있던 주검들,

한 바탕 소나기 지나고

활 활 단풍 지나고

잊으라, 눈 내려 덮이고

또 다시 삐져 나오는 마른 가지의 봄,

이이이이이 미친

진달래 滿山.

찔레

먼 밭 메러 가는 길의 찔레꽃 희다.
오월 풀밭 저 여럿 바람의 꼬리를 밟아
장날 튀밥 터지듯
들켜버린다.
그 눈발 새삼 왁짜하다.
분하고 서러운,
그 배암의 소굴이었을 것이다.
그 언제 들어가 가시 두르고 살았는지
그러다가 무엇으로 마음 고쳐먹고 나갔는지
찔레덤불 속이 지금 활짝 열려 환하다.

팔월

헐티재 아래 속 빈 느티나무 한 그루 있다.
늙은 이 나무는 지금도 아름드리 가지 하나를 힘껏 멀리 휘고 있다.
생업의 오랜 무게가 그의 등뼈를 저러히 험하게 비틀어 놓았다. 헐티재하고 굽이굽이 똑같다.
그 긴 긴 피륙인 재를 걷어들이며 또 널어 말리며
시퍼렇게 추스리는 몸,
몸 들여다보니 아, 그의 棺이다.
빈 속의 느티나무 한 그루 오래 타오르고 있다.

11월

저것은 아직 주검이 아닐 것이다.
  전주 덕진공원 덕진호반에는 붉게 마른 연대들이 고개 꺾고 허리 꺾고 팔 다리 툭툭 꺾어 물 속으로 서걱서걱 들어가는 중이다.
  바람 아래
  무수히 나부대는 한 마당 도리깨질 같다. 한 바탕
  행진 같다. 무성영화 같다.
  저것은 물론 죽은 아버지들의 이름이다.
  물 깊은 바닥 캄캄하게 쌓여 썩을 것이다.
  거기 또 불질러
  새로 한 세상 꽃 피는 법일 것이다.

한식

어머니 모시고 차 몰고 등굽은 사내 고향 간다.
굽은 등 안 쪽에 잘 안겨 있는
경상북도 영양군 청기면 청기리,
청기리 채 못 미처 연당리 있다.

— 여어가 연다이라? — 연다이시더.

청기리 가는 험한 길, 험한 길, 험한 길,
아버지 가고 있다 북망까지, 턱수염 거칠다.
어머니의 흰 명밭 이 길에 다 깔렸다. 많이 늙으셨다.
북망 못 가, 그러니까 청기리 채 못 미처
연당리 있다 굽은 등 안쪽에 잘 괴여 있는
연당,

연당에까지 비친 구름, 구름 구름
젖은 명밭,

— 여어가 연다이라? — 연다이시더.

입암리

겨울 선바윗골 입암에 오니
이 바위가 먼저 와서 우뚝 서 있다.
바위는 험하게 어지럽게 파여 있다.
내가 벗어 자꾸 두르는 것일까
매서운 바람, 시린 물이 그렇게
이 바위에 다 감긴다.
바위 뒤쪽 저 들앉은 골짜기
내 추운 마음이 문득 바위를 돌아 들어간다.
바위를 돌아 累代 마을로 드는 길이
언, 근지러운 상처 치잉칭 문지른다.

칠월

정자나무 뚝버들을 천천히 거슬러 살펴 본다.
다시 내리훑어 본다.
고목의 거친 껍질이 이루는 무늬의 격랑에 휩쓸린다.
헐티재, 저 폭우의 계곡물 소리가
소달구지 구르는 소리가 오래 비틀어 올린 길,
자꾸 무너져 내린 길,
그 밑둥이 온통 울퉁불퉁하다.
눈물 틀어막아 굳은 암흑일 것이다.
재어보니 다섯 아름의 억압과 절망인데
그런 세월 삼백 년이 흘렀다.
그렇게 이 마을 사람들이 다 바뀌고
또 바뀌었겠지만 저 뿐
시퍼렇게, 시퍼렇게 덮어 나가는 나무의 둥근 둘레가
폭발의 무수한 잎새가 만지는 바깥이 환하다.

고향 사람

고향 사람 덕출씨를 만났다.
어제는 또 이 도시의 청과물시장 앞에서 만났다.
지금은 철따라 이것 저것
야채 행상을 한다면서
배추잎 무잎 따위 밟힌 것들 내려다 보면서
그의 웃음도 저와같이 이지러지면서
눈섭 위로는 검붉고 깊은 주름살 패이면서
밭고랑 같았다.
청과물시장엔 많이 묻어오는 흙 냄새를 딛고 서서
그 턱수염의 흰 뿌리,
실비처럼 하염없이 뻗어내리면서

오줌
— 몸,

밤 늦은 시간 술 취해 집으로 간다.
눈 온 뒤라 길이란 길 난잡하게 다 얼어붙어
걷기 힘들다. 비틀거리며 미끄러지며 버티다 보면 또
오줌 마렵다.
시멘트 담벼락 마주하고 오줌 눈다.
쓰레기더미 덮은 눈 철, 철, 철, 녹이는 오줌발,
오줌발에 닿은걸까, 쥐!
갑자기 튀어나와 어둠 속으로 사라진다.
— 골담초 돌담길 돌틈 굴뚝새
웬, 이런 구절이 떠오르나
이 도시의 쥐가 가서 새가 되다니.
또한 난데 없다, 된소리의 욕설 하나가
어금니 사이를 찢어질듯 빠져 나왔다, 간 곳 없다.
그런데, 내 몸은 어찌 땅의 흙을 기억할까.
내, 한 줌 根을 잡고 오줌을 누면
이 길고 긴, 뜨신 끈이여.
철, 철, 철, 풀려 나간다 풀려 나가는 몸, 그래 썩자,
부르르 몸 떨며 이 나머지 몸, 추스리는 몸,

낙동강

흰뺨검둥오리 한 마리가 물 위를 길게 달려갑니다.
물을 끌며 비스듬히 일으키며 날아오릅니다.
가물가물 떠나갑니다. 6·25의 격전지,
이 강을 세워 이제 먼 길 내는 것이지요.
새파랗게, 몰래 지는 닭의장풀꽃
원혼 하나가 지금 막, 간신히, 마저 죽습니다.

지리산

 살내 혹은 矢川. 그러니까 45° 일직선으로 쏜살처럼 내리닫는 협곡의 물이다. 또한 조릿대 시퍼런 댓잎 비늘의 바람이 연이어 단숨에 거슬러 오르는 살내 혹은 矢川.
 그런 급보가, 아비규환이,
 그 물소리, 바람 소리가 다시 저 녹음의 비린 침묵을 이루고
 저 잎 져 잎 져 이제 몇 길이나 쌓여 썩었겠다. 썩은 肉血을 빨며, 서서히 숨 고르며 또 솟아오르는 장엄, 그 꼭대기가 아주 멀리까지 있다.

오줌
— 3월, 섬진강

한 사내가 오줌 눈다.
강 상류쪽 바라보며 오줌 눈다.
지리산 저 험한 골격이 섬진강을 누는구나.
악산, 악산, 첩첩한데 기억이 환하구나.
매화눈발 난분분, 물앵두꽃 폭발 환하구나.
피아골 왕시루봉으로 또 산철쭉 도질려는지
저녁노을 붉게 물에 섞이는
피, 뚝 뚝 동백 듣는구나.
짧은 봄 떨며 지리산,
저 戰傷의 사내가 가파른,
언 속을 풀고 있다

겨울산

 산능선을 따라 촘촘하게 올라가는 나무들의 대열이 뼈만 남았다.
 달밤을 지나 동 틀 때까지, 그리고 저녁노을 깊이 앙상하게 올라가는 것이다.
 눈보라 칠 때
 일개 군단의 갈기를 잔뜩 드세우는,
 산 넘어가는 혁명의 굽은 등줄기가 많이 시리다.

 밥 퍼 한 그릇 뜨신 구들목에 묻는
 불온한 집의 젊은 여자, 긴 머리채를 풀어 천천히 빗질하는 시간
 바람은 다시 몇 필인가, 영 자지 않는다.

반달

지리산 밤하늘에 총총한 별들이 계속 스멀거린다.
저런, 온 데가 근지러운 털거죽을 뒤집어 쓴 채 어디
다친 사내는 캄캄하게 엎드려 있는 것이다.
운명에서 번진 푸른 시간이 사방 막막하다.
쟁깃날하고는 달라서 영 까바지지 않지만
아, 반달은 혀다.
골짜기에 몰린 어둠, 어둠 속의 길을 깊이 핥고 있다.
가슴 한복판에 드러나는 아픈 뼈의 저 흰 그늘,
반달곰의 반달은 낙인이며 상처다.
제 등줄기의 산악을 밤새도록 넘어가는 것인데
조릿대, 댓잎 스치는 소리가 요요히 길다.

[해 설]

"神이옵신 그리움"을 통해 가 닿는 존재의 "뿌리"

유성호(문학평론가 · 한양대 교수)

1. 문인수 시학의 방법론

 문인수(文寅洙) 시인을 생각할 때 가장 먼저 떠오르는 것은, 비교적 늦깎이로 등단한 그가 자신의 시 속에서 한국적 서정을 줄곧 추구해왔고, 서정시의 원형이라 할 만한 미적 성취를 세상에 지속적으로 내놓았다는 사실이다. 물론 '한국적 서정'이 어떤 내적 함의를 지니는지에 대해서는 달리 상세한 논의를 해야겠지만, 생략이나 함축의 원리에 의한 단형 시편을 기반으로 하면서, 절제된 풍경 묘사와 내면에 가라앉은 비애의 형상화를 통해 얻어지는 어떤 것임은 분명해 보인다. 그 점에서 문인수 시학은 우리 시단에서 전형적인 '한국적 서정'의 범례로 손꼽힐 만하다.

또한 그의 시는 '기행(紀行)'의 형식을 통해 마주치는 온갖 풍경과, 오랜 세월 그리움으로 삭인 내적 심층(深層/心層) 사이의 접점에서 발원하는 세계이다. 그래서 우리는 그가 택하는 소재가 비록 '자연'과 연관된 것이 많다고 하더라도, 그 자연 사물이 한편으로는 그 자체로 풍경 속으로 번지면서 다른 한편으로는 시인의 내면으로 끊임없이 회귀하는 이중의 방법론적 속성을 가지고 있다는 점을 발견할 수 있다. 가령 다음 시편은 그 같은 시인의 시적 욕망과 지향을 선명하게 보여주는 작품이다.

흐린 봄날 정선 간다.
처음 길이어서 길이 어둡다.

노룻재 넛재 싸릿재 넘으며
굽이굽이 막힐 듯 막힐 것 같은
길
끝에
길이 나와서 또 길을 땡긴다.

내 마음 속으로 가는가

뒤돌아 보면 검게 닫히는 산, 첩, 첩,

비가 올라나 눈이 오겠다.

— 「정선 가는 길」 전문(『뿔』, 민음사, 1992)

"흐린 봄날"의 "정선 가는 길"은 초행인 탓인지 어둡기만 하다. 여기 나타나는 날의 '흐림'과 길의 '어둠'은 "정선 가는 길"을 감싸고 있는 외적 상황이기도 하겠지만, 그것은 또한 시인이 처해 있는 내적 정황의 이미지이기도 할 것이다. 이어 표현되는 "노룻재 넛재 싸릿재 넘으며/굽이굽이 막힐 듯 막힐 것 같은/길/끝에/길이 나와서 또 길을 땡긴다"는 '길'의 끝없는 변화와 연쇄(막힘→열림→땡김) 역시 그 자체로는 "정선 가는 길"의 굽이굽이에 대한 감각적 재현이겠지만, 그것은 또한 "마음 속으로 가는" 시인의 내면을 투사(投射)한 이미지이기도 할 것이다. 이처럼 어둑하고 흐린 날, 어둑하고 흐린 내면을 붙안고 '길'을 떠난 시인은 굽이굽이의 '길'을 지나 "마음 속으로" 가고 있다. 뒤돌아보니 "검게 닫히는" "첩, 첩"의 "산" 속에서 결국 "정선=내 마음 속"이라는, 풍경과 내면의 등가적 유추를 완성하고 있는 것이다. 요컨대 문인수 시인은 기행을 하다가 우연히 마주친 사물들을 심미적(審美的)으로 재현하는 서경(敍景)적 필치의 시인이 아니라, 자신이 선택하고 채록한 풍경들로 하여금 '마음'의 여과를 받게 하고 궁극적으로는 "마음 속으로 가는" 길로 들어서게 하는 시인인 것이다.

그런가 하면 다음 시편은 또 다른 측면에서 문인수 시학의 방법론적 핵심을 드러내주는 한 사례이다. 이는 문인수 시인이 '몸'의 직접성을 통해서 시를 쓰고 있다는 점, 그리고 '몸'의 한계에서 필연적으로 비롯되는 실존적 비애를 노래하고 있다는 점을 보여준다.

> 흐린 날은, 바람 한 점 없는 날은 비.
> 젖은 것들의 몸이 잘 보인다 치잉 칭 감기는, 빗줄기의 한쪽 끝을 물고 새 날아간다. 건물과 건물 사이 세 뼘 잿빛 하늘 가로질러 짧게 사라진다 창유리 창유리들이, 나무 나무의 이파리 이파리 풀잎들이 모두 그쪽을 보고 있다 잘 보이는, 뇌리 속의 새 길게 날아가는 아래, 젖어 하염없이 웅크린
> 몸, 섬 같구나 그의 유배지인 몸.
> ―「비」 전문(『뿔』)

이 작품에서도 주체의 시선은 풍경에 개입하고, 풍경은 주체의 '몸'으로 회귀한다. "흐린 날"이자 "바람 한 점 없는 날"은 이내 "비"에 "젖은 것들의 몸"으로 이어지는데, 1행에서 2행의 초입까지에 흐리고 바람 없는 상태에서 비가 뿌리기까지의 시간적 흐름이 담겨 있다. "젖은 것들의 몸이 잘 보인다"는 표현은 다른 작품에서 "좀더 잘 보이는 세계는 그만큼 널리 젖어 있구나"(「우포늪, 칠십만 평에 달한다」, 『동강의 높은 새』, 세계사, 2000)라고 진술한 것과 마찬가지 맥락으로서, 시인의 마음이 젖어 있을 때 사물의 깊이가 잘 보인다는 뜻을 다른 한쪽에 거느리고 있다. 따라서 이때 "젖은 것"은

말할 것도 없이 "빗줄기"에 감싸인 사물들이자 시인의 "뇌리 속"에 들어 있는 정서적 세목들이다.

이어서 "치잉 칭 감기는, 빗줄기의 한쪽 끝을 물고" 날아가는 '새'가 등장한다. 그리고 그 "젖은" 새는 "건물과 건물 사이 세 뼘 잿빛 하늘 가로질러 짧게 사라진다". 그 사라짐의 순간, "창유리 창유리들이, 나무 나무의 이파리 이파리 풀잎들이 모두 그쪽을 보고 있다". 젖어서 잘 보이는 새가 날아간 쪽으로 '유리창'과 '나뭇잎'과 '풀잎'들 역시 젖은 몸으로 시선을 줌으로써, 이 사물들끼리는 젖은 상태에서의 흔연한 상응(相應)을 이루고 있다. 이때 시인은 "뇌리 속의 새 길게 날아가는 아래, 젖어 하염없이 웅크린/몸, 섬 같구나 그의 유배지인 몸"이라는 표현을 뒤이어 배치함으로써, 그 "새"가 상상적 실재임을 암시하면서 동시에 "젖어 하염없이 웅크린/몸"의 육체성을 발견하게 한다.

그런데 왜 "몸"은 "섬 같"으며 하필이면 또 "그의 유배지"인가. 이 행의 비밀을 풀려면 우리는 두 가지 표현에 주목해야 한다. 하나는 "잘 보인다"는 2행 속의 두 번의 표현이고, 다른 하나는 "치잉 칭 감기는, 빗줄기"라는 표현이다. 앞의 것에 주의해볼 때, 우리는 시인의 눈에 잘 보이는 "젖은 것들의 몸"이 "빗줄기의 한쪽 끝을 물고 새"이기도 하지만 곧바로 "젖어 하염없이 웅크린/몸"이기도 한 것임을 알 수 있다. 또 뒤의 것은 시인에게 잘 보이는 "몸"이 "치잉 칭" 지상에 묶여 있다는 점을 부각시킨다. 아니 그 "몸"은 "빗줄기"를 맞으며 파도로 둘러싸여 있는 고립된 "섬"처럼 "유배"된 존재라는 점이 강조된다. 그 같은 "웅크린/ '몸'"에 비해 "뇌리 속의 새"는 지상을 뜨는 상상적 비상을 감행한다. 따라서 '비상/유배'가 날카롭게 대비되면서, "몸"은 항구적 정주(定住)가 불가능한 유랑의 이미지와 한시적 속성을 동시에 띠게 되는 것이다. 이처럼 문인수 시인은 이 작품을 통해 "몸"의 직접성과 비극성 그리고 필연적 유랑의 속성을 동시에 표상하고 있는 것이다.

따라서 문인수 시인에게 '몸'을 움직이는 기행의 형식이란, 사물과의 적극적 친화를 추구하는 시적 욕망이 반영된 것이자, 근원적인 생의 형식을 들여다보려는 가장 적극적이고 물리적인 방법이 된다. 시인 스스로 "여행시란 없다. 정선에서 우포늪에서 섬진강에서 나는 잠시 서 있었고, 그때 내 삶의 궁기가 보였다. 그걸 베껴 적었다."(「자서」, 『동강의 높은 새』)고 말한 바 있듯이, 그는 여행을 통한 풍경 채록을 목표로 하지 않고 '몸'을 움직이는 기행을 통해 실존적·형이상학적 지경(地境)에 대한 근원적 질문을 추구하고 있다. 이때 시인이 본, 그리고 베껴 적었다는 "삶의 궁기(窮氣)"는 물질적·육체적 결핍이라는 일차적 의미를 넘어서, 삶의 근원과 궁극에 대한 갈망이 담겨 있는 상징적 표현이 된다.

결국 문인수 시학은 풍경과 내면의 등가적 유추를 통해 사물들을 발견하고 배치하고 변형하는 역동적 상상력과, 자기 자신으로의 궁극적 회귀를 꾀하는 시인의 실존적이고 형이상학적인 열망이 '한국적 서정'이라는 방법론을 통해 시적 육체를 구성하고 확산해가는 세계라고 할 것이다. 이러한 문인수 시인의 '궁기의 시학'이 원형 그대로 담겨 있는 것이, 바로 우리의 기억 속에 있는 그의 네 번째 시집 『홰치는 산』(만인사, 1999) 일 것이다.

2. "시간의 아득한 저편"에 대한 시적 재구(再構)
　—『홰치는 산』

　『홰치는 산』은 시인이 『뿔』을 내고 7년 만에 낸 의욕적 성과로서, 문인수 시학의 근원적 지점과 개성적 방법론을 가장 선명하게 일러주는 시집이라고 할 수 있다. 일단 『홰치는 산』의 경개(景槪)를 훑어보면, 우리는 그 안에 시인의 가족사라든가 성장사와 관련된 오랜 시간이 눅눅하게 쌓여 있다는 것을 쉽게 느낄 수 있다. 빛바랜 듯한 풍경 속에서 '고향'과 '유년'의 이야기를 끈끈하게 집어올리는 시인의 기억과 상상력의 상호 작용이 시집 전체를 "홰치는 산"처럼 감싸고 있는 것이다. 시인 스스로도 시집의「자서」에서 다음과 같이 말하고 있지 않은가.

　　인간에게도 나무나 풀의 그것과도 같은 섬세하고도 집요한, 흰 뿌리가 있다면 그것은 바로 고향을 향한 그리움일 것이다.
 자기 존재의 발원, 고향이란 그러나 멀거나 가까운 어떤 공간이 아니라 이제는 도저히 가 닿을 수 없는, 시간의 아득한 저편일 것이다.
 이 땅의 神이옵신 그리움은, 그리운 것들은 그런데 왜 하나같이 궁핍한가, 가련한가, 지리멸렬한가, 그러한데도 또 어찌하여 하나같이 아프게 아름다운가.

여기서 시인은 시집에 구현된 자신의 시적 지향을 너무도 선명하게 풀어놓고 있다. 왜냐하면 "뿌리/고향/그리움/존재/발원/시간/저편/궁핍/가련/지리멸렬/아픔/아름다움"이라는 어휘를 조합하여 어떤 문장을 만들더라도, 그것은 고스란히 문인수의 시세계를 구성해낼 것이기 때문이다. 특히 "고향"이 "공간"이 아니라 "자기 존재의 발원"이고 "시간의 아득한 저편"이라는 말 속에서 우리는 문인수 시학을 이해할 수 있는 중요한 단초를 발견하게 된다. 그것은 그의 고향이 공간 표상이 아니라 시간 표상으로 나타날 것이라는 점, 따라서 현재적 농촌의 실상이나 사람살이의 구체성에 대한 천착보다는 기억 속에 존재하는 사물이나 사람들에 대한 "그리움"의 힘이 시의 근간을 이룰 것이라는 점을 예견케 한다. 아닌 게 아니라 시인으로부터 신성(神聖)까지 부여받고 있는 "그리움"(다른 작품에서도 "이 땅의 神이옵신 그리움이여"(「정월」)라고 발화되고 있다.)의 힘은, 궁핍하고 가련하고 지리멸렬하고 아름다운 "시간의 아득한 저편"을 시적으로 수습하는 근원적 동력이 되고 있다. 물론 그 "그리움"은 존재의 '뿌리'를 향하고 있다. 시집의 표제작인 다음 시편에서 그 '뿌리'의 형상이 나타난다.

> 방울음산은 북벽으로 서 있다.
> 그 등덜미 시퍼렇게 얼어 터졌을 것이다 그러나
> 겨우내 묵묵히 버티고 선
> 산
> 아버지, 엄동의 산협에 들어갔다.
> 쩌렁쩌렁 참나무 장작 찍어 낸 아버지,
> 흰내 그 긴 물머리 몰고 온 것일까
> 첫 새벽 홰치는 소리 들었다.
> 집 뒤 동구 둑길 위에 아버지 우뚝 서 있고
> 여명 속에서 그렇게 방울음산 꼭대기 솟아올라
> 아, 붉새 아래로 천천히 어둠 가라앉을 때
> 그러니까, 이제 막 커다랗게 날개 접어 내리며
> 수탉, 마당으로 내려 서고
> 봄, 연두들녘 물안개 벗으며 눕다.
>   ─「홰치는 산」전문

"북벽으로 서 있"는 '방울음산'은 시인의 고향에 있는 단순한 삶의 배경이나 지명이 아니다. 그것은 "등덜미 시퍼렇게 얼어 터"진 채 "겨우내 묵묵히 버티고 선" 아버지의 삶을 적극적으로 은유하고 환기한다. 한겨울

에 산협에 들어가 "쩌렁쩌렁 참나무 장작 찍어 낸" 아버지, 그 아버지의 궁핍한 삶은 시인의 기억 속에 외경(畏敬)의 대상으로 남아 있다. 그 아버지가 몰고 내려온 "흰내 그 긴 물머리" 속에서 시인은 "첫 새벽 홰치는 소리"를 듣는다. 그 순간 시인은 "집 뒤 동구 둑길 위에" 서 있는 아버지를 보았고, "여명 속에서 그렇게 방울음산 꼭대기 솟아올라" 있는 것을 겹쳐 보게 된다. 이때 아버지는 "저 산의 뿌리"(「방울음산」)가 된다. 그러니 "산의 뿌리가 다 만져진다"(「동강의 높은 새」, 『동강의 높은 새』)고 하는 것은 자연과의 친화이자 기억과의 결속인 것이다.

    아버지와 방울음산의 우뚝한 기립(起立)과는 대비적으로, 어둠은 천천히 "가라앉"고 수탉은 날개 "접어 내리며" 마당으로 "내려서고" 엄동을 지난 봄의 들녘도 "물안개 벗으며 눕"는 하강(下降)의 이미지가 연쇄적으로 뒤따른다. 아버지와 산을 선명하게 부조하는 방법일 것이다. 그래서 우뚝 서 있는 아버지의 이미지는 그만큼 돌올(突兀)하게 된다. 이는 "동녘 일출을 후광으로 아버지와 소, 검둥이란 놈이 한데 어우러져 돌아오던 그 아침의, 붉새의 들녘을 기억합니다"(「尋牛圖」)와 연결되는 묘사이기도 하다. 이처럼 시인은 아버지의 모습을 통해 "방울음산이 뿌리 내린 길들의 비밀"(「길의 끝」)을 암시하면서 또한 그것이 시인 자신이 물려받아야 할 가파른 삶임을 환기하고 있다. 이처럼 아버지와 "홰치는 산"을 향한 기억은 시인만이 간직한 고통스런

시적 수원(水源)인 것이다.

  이러한 아버지에 대한 근원적 기억을 기반으로 하면서, 시인은 "생각하면 참 방올음산 그 아래 자고 일어난 사람들, 살다 죽은 사람들, 아버지의 농경에도 힘줄에도 아 그 파란만장에도 산의 푸른 종소리 흐르고 있었나 봅니다."(「방올음산 이야기」)에서처럼 가족을 비롯한 고향 사람들의 "파란만장"의 이야기를 올올 풀어간다. 이때 "객지로 나가는 하얀 신작로가, 먼 기적 소리가 길게 발 아래 깔리면서 넝쿨처럼 한없이 마음을 감았고 좀 멀리 새파란 낙동강이 눈썹을, 타는 목젖을 적셨다."(「四月」)와 같은 서술과 묘사의 결합이 이 같은 기억의 재구(再構)를 떠맡는다.

  아버지, 흙돌담장 아래 담쟁이 뿌리를 묻었다. 담쟁이 넝쿨은 날마다 날마다 번져, 시퍼렇게 번져 나가던 아버지의 저 그리움, 그러나 숙부들은 돌아오지 않았다. 왜정 때 만주로 일본으로 떠돌아 나간 양반도, 6·25 전쟁 직후 북으로 넘어간 양반도 돌아오지 않았다. 소식 없었다.

  아버지, 담쟁이 넝쿨을 거두었다. 해마다 늦가을이면 단숨에 거두어 불살랐다. 이 놈의 세월! 번뜩이는 낫날로 썩둑썩둑 잘랐다. 한 두 뼘 밑둥만 남기고 다 잘랐다.

  또 기다리고 또 작파했다.

  차가운 땅 위로 뭉턱, 거칠게 솟은 그루터기, 여러 해 부르퀸, 아버지의 빈 주먹만 남아있곤 했다.

─「담쟁이 넝쿨 이야기」 전문

　이 작품은 제목에 이미 '이야기'가 들어 있는 것처럼, 일정한 서사를 내장하고 있는 서술 시편이다. 아버지는 "흙돌담장 아래 담쟁이 뿌리를 묻"는다. 그 "담쟁이 넝쿨은 날마다 날마다 번져, 시퍼렇게 번져" 나간다. 그때 같이 번져 나가던 "아버지의 저 그리움"은 무엇이었을까. 그것은 "숙부들은 돌아오지 않았다. 왜정 때 만주로 일본으로 떠돌아 나간 양반도, 6·25 전쟁 직후 북으로 넘어간 양반도 돌아오지 않았다. 소식 없었다."는 후술(後述)을 통해 한결 명료해진다. 아마도 아버지는 "월북한 숙부에 대한 이러저러한 정"(「단감나무 이야기」) 곧 동생들과의 이산(離散)에 대한 아픈 기억을 담쟁이 넝쿨에 투사하고 있었던 모양이다. 아버지가 가진 그 기억에 대한 시인의 기억이 이 시의 표면 서사를 이끌고 있다.
　그런데 시의 심층에는 담쟁이 넝쿨을 거두고, 불사르고, 낫날로 썩둑썩둑 자르는 아버지가 놓여 있다. 이 기다림과 작파(作破)의 순환적 반복이야말로 "차가운 땅 위로 뭉턱, 거칠게 솟은 그루터기"와 "여러 해 부르쥔, 아버지의 빈 주먹"을 등가화하면서, 아버지의 가난과 고통과 내력을 부각시키고 있다. 이러한 가족사에 대한 시인의 애틋함은 「풀뽑기」에서처럼 "일평생 마침내 논 서른 마지기 이루고, 그러나 송충이 같은 자식들 그 푸르게 일렁이던 논들 다 갉아먹어 버리고 빈 들 노을 아래 서 있던" 아버지가 "이른 중반 넘어서면서 치매" 잃으시고 "그러기를 십여 년, 어느날 아버지 검불같이 남아 있던 당신의 육신까지도 뽑아 던" 진 기억으로도 이어진다. 또한 그 '그리움'의 힘은 "어머니 아흔 셋에도 홀로 사신다./오래 전에 망한, 지금은 장남 명의의 아버지의 집에 홀로 사신다."(「머위」)와 같은 서술과 함축이 절묘하게 결합된 표현에서도 잘 드러나 있고 "장갓마을엔 누님이/날 업어 키운 큰누님 시집살이하고 있었는데/삶은 강냉이랑 실컷 얻어먹고/집에 와서 으시대며 마구 자랑했다./전화도 없던 시절,/그런데 그걸 어떻게 알았을까/느그 누부야 눈에 눈물 빼러 갔더냐며/어머니한테 몽당빗자루로 맞았다./다시는 그런 길/그리움이 내는 길 가보지 못했다."(「눈물」) 같은 그리움의 서사나 "작은 누님도 시집 갔다./곱게 물든 손톱 갖고 시집 갔다."(「봉선화」)라는 간명한 진술 속에도 배어 있다. 그러한 서사적 관심은 시집 안에서 고향의 다른 사람들 이야기로 확산되어간다.

　　오, 달빛 비린내가 난다.
　　이 달빛 언제나 청보리 냄새가 난다.

　　　달 뜨자 방울음산 꼭대기 불쑥 솟아서
　　　방울음산 아래 가문 들녘 훤히 눕다.
　　　청보릿골 겹으로 깔고 달빛 덮고
　　　달빛에 꿈틀꿈틀 청보릿대 비벼넣는,

그런 일이여 그런 일의 땀몸, 접쩔한 비애여.

오월 춘궁이 있었다.
몸 팔아 새끼들 먹인 그 여자가 있었다.

이 달빛 어디서나 방울음산 세우고
산 아래 척박한 땅,
그 풀빛 비릿한 눈물맛 풍긴다.
—「매춘」 전문

    문인수 시가 근원을 알기 어려운 궁핍과 고통들을 담고 있는 비애의 세계임은 이미 잘 알려진 사실이다. 하지만 중요한 것은 그것들을 초래한 실제적 원인에 대한 적의(敵意)를 시인이 결코 내보이지 않는다는 사실이다. 시인에게 그 모든 고통들은 세계를 불가피하게 구성하는 것들일 뿐이고, 시인은 그저 "그러나, 나는, 끝내, 이 비애만은 벗지 않았다."(「매춘 2」)고 말하고 있을 뿐이다.
  위의 작품 역시 '아픔'은 있되 '분노'는 없는, 결코 윤리나 이념으로는 환원할 수 없는 사람살이의 쓸쓸하고도 척박한 장면을 부조(浮彫)하고 있다. '매춘(賣春)'이라는 섬뜩한 제목을 거느린 이 작품에서 시인은, "달빛 비린내/청보리 냄새/접쩔한 비애/비릿한 눈물맛" 같은 미각, 후각의 심상으로 고향 사람들의 흥건한 가난을 재구성한다. 특히 "달빛에 꿈틀꿈틀 청보릿대 비벼넣는./그런 일이여 그런 일의 땀몸, 찝찔한 비애여."
라는 표현에서 "오월 춘궁"에 "몸 팔아 새끼들 먹인 그
여자"의 고단한 삶을 드러내면서, 시인은 그 "산 아래
척박한 땅"에 살았던 이들의 "비릿한 눈물맛"의 내력
을 호명하고 있는 것이다.

  이어서 시인은 "이삭 팰 무렵 시퍼렇게 일렁이던 달
빛 비린 보리밭, 그 보리밭에서 연애해 맺어졌다는 어
떤 부부 이야기, 오십 여 년 전 우리 고향 마을에 살았
던 한 노인 부부의 이야기"(「그들만의 집」)도 힘들여
불러들이고 있고, "이제 서로에게 온전히 엎어져 지붕
이 된 봉분, 그 무덤 지금 어디에 있는지 알 수 없습니
다. 다만 전심전력, 전신을 기울여 함축한 몸, 그 영육
의 완벽한 결속인 데가 바로 그들 부부만의 집이었겠지
요."(「그들만의 집」)라든가, "그때 그 거지 할아버지의
속을 들여다 볼 수 있었다면 아마 적막강산이었을 겁니
다. 가도 가도 황톳길 인적 없었을 겁니다."(「내가 그를
묻었다」)에서처럼 고향 사람들의 다양하고도 절절한
서사들을 온축하여 문인수만의 '만인보(萬人譜)'를 쓰
고 있는 것이다.

  — 거, 앉아보소.
  늙은 여자가 강물 물 가까이 털썩 주저앉으며 말했다.
쉰 목소리로 말했다. 다 망가진 채 엉거주춤 돌아온, 쿨
럭거리는 사내더러 한 번 말했다. 꺼질 듯 낮게 말했다.
키가 껑충한, 그래서 그런 건지 낯짝 안 보이는, 아직도

허공에 매달려 떠돌고 있는 건지 낯짝 없는, 낯짝 없는
사내더러 여자가 말했다.

여자는 오랜 세월, 장터거리에서 혼자 국밥집을 해왔
다.
저녁노을 그 아래 시뻘겋게 부글부글 끓어오르는, 그
러나 쿨럭쿨럭 뒤엉키는 물,

지금은 다만 긴 강.
— 「앉아보소」 전문

이 "오랜 세월, 장터거리에서 혼자 국밥집을 해"온
"늙은 여자"와 "아직도 허공에 매달려 떠돌고 있는"지
모르는 "다 망가진 채 엉거주춤 돌아온, 쿨럭거리는 사
내"와의 해후(邂逅)는, "거, 앉아보소"라는 오랜 시간을
담은 한마디 속에서 시작되고 완성된다. 그 한마디에
이 두 사람의 만남의 내력과 분위기와 정조가 고스란히
투영되어 있는 것이다. "저녁노을 그 아래 시뻘겋게 부
글부글 끓어오르는, 그러나 쿨럭쿨럭 뒤엉키는 물"은
그 "늙은 여자"의 오랜 기다림을 말해주면서, "지금은
다만 긴 강"이 되어버린 여인의 내면적 격정이 얼마나
뜨겁고 오랜 것인가를 알려주고 있다. 하지만 그녀는
격정의 언어 대신 "거, 앉아보소"라는 "긴 강"의 언어
를 택한다. 아마도 그녀의 기다림은 이 만남으로 하여
끝나지 않을 것이다. "긴 강"이 되어 이제는 속절없이
흘러갈 것 같은 "늙은 여자"의 생이 보이지 않는가.

이처럼 시인은 자신의 고향과 유년에 대한 기억을, 그리고 가족들과 이웃 사람들의 삶을 설화적 공간으로 복원하고 있다. 고향에서의 유년 경험과 그곳에 전해오는 이야기들을 시에 도입하여, 시인은 그곳 사람들의 일상과 육체와 삶에 좀더 밀착하여 구비적(口碑的) · 서술적 성격을 강화하고 있다. 줄글에 가까운 산문시 양식이 이를 또한 뒷받침하고 있다. 여기서 우리는 미당의 『질마재 神話』를 연상할 수 있겠지만, 『홰치는 산』은 설화를 전달하는 이야기꾼을 화자로 내세우는 연행(演行)의 방식이 아니라, 시인 스스로 1인칭 화자를 고수하면서 직접 기억을 행하는 방식을 취한다는 점에서 더욱 '몸'의 직접성에 가까운 세계이다.

3. 생태적 사유와 우주적 상상력으로의 확산
　―『홰치는 산』 이후

이 같은 『홰치는 산』의 세계는 문인수 시인이 그 후 펼친, 어쩌면 그의 음역(音域)이 최전성기를 맞이한 시기에 씌어진 작품들에서도 자연스럽게 이월되고 심화되고 있다. 최근작이랄 수 있는 이 시편들에서 시인은, '몸'의 직접성과 기행, 풍경과 내면의 통합, 기억의 근원을 역류(逆流)하는 방식을 더욱 확대하고 있기 때문이다. 그것은 이제 '생태적 사유'와 '우주적 상상력'이라는 범주로 더욱 확산된다.

벽에 낡은 창틀만 그대로 남아 있다.
건너편 산이며 숲, 구름이 다 새로 그린 듯 깨끗하다.
생전 눈여겨본 적 없는 그림 앞에
시간이
액자 앞에 지금은 많이 몰려 있다.
네모 반듯한
삶의 흔적은 모질다. 오래 고단한, 고단한 것
얼마나 조심조심 뜯어내고 있는 것인지 민들레 홀씨 몇
풍경 속에서 천천히 떨어진다. 또
썩어 어느 날 안팎 없이 풀릴 건가.
이런 봄이 여러 번 지나갔겠다. 지나가겠다.
　　　―「폐가, 시간이 많다」 전문(『동강의 높은 새』)

"벽에 낡은 창틀만 그대로 남아 있"는 오래된 폐가(廢家), 거기에는 당연히 어떤 생동하는 기운도 없다. 사람들은 떠나고 무심한 바람만 과거의 흥성스러웠던 삶의 흔적을 쓰다듬고 있다. 그러나 거기에는 놀랍게도 황량한 폐허의 분위기가 아니라 산과 구름과 숲이 그려내는 깨끗한 '풍경'이 있다. 그 자연의 풍경은 시인조차 "생전 눈여겨본 적 없는 그림"이다. 그 그림을 담은 액자(그것은 폐가의 '낡은 창틀'이다) 앞에는 무량한 시간들이 "몰려 있다". 왜 시간은 흘러가지 않고 거기 머물면서 몰려 있을까. 그것은 그 액자처럼 네모 반듯이 살아온 시인(혹은 우리)의 모질고 "오래 고단한, 고단한" 삶이 순간적으로 거기 겹쳐졌기 때문이다. 여기서 시인의 내면과 풍경은 또 다시 접점을 피워 올린다.

  물론 그 고단함의 세목은 드러나지 않는다. 다만 시인은 폐가의 풍경 속에 쌓여있는 시간의 깊이를 "이런 봄이 여러 번 지나갔겠다. 지나가겠다."로 표현하면서, 무량한 시간의 반복 속에(그러나 똑같은 시간은 하나도 없다) 고단한 삶의 반복 또한 무르녹아 있음을 말한다. 이러한 시간의 풍요로움을 들여다보는 시인의 눈초리가 삶의 효용성이 끝나버린 폐가에서 이토록 충일한 시간을 경험케 하는 것이다.

  이는 "무수한 정적은 와글와글거린다"(「무수한 정적은 와글와글거린다」, 『뿔』)는 역설적 발견과 맥이 닿는 표현으로서, "잘 삭은 고요"(「서해」, 『동강의 높은 새』)가 시 전체를 감싸고 있으면서 동시에 "뒤덮여다오 마음 속 어디/이 한 채 어둑어둑 등을 다는 폐허여"(「빈집」, 『동강의 높은 새』)에서처럼 폐허를 통해 존재의 뿌리에 가 닿고자 하는 시인의 격정을 암시해준다. 결국 시인은 근대적 시간관에 의한 직선적 '흐름' 보다는 풍요로운 '머묾'을 통해 삶과 시간의 역설적 풍요를 '폐가'에서 재구축하고 있는 것이다. 조급함과 서두름 없이 시간이 머물면서 몰려 있는 풍경을 관조하고 있는 시인의 심저(心底)는 그래서 생태적인 것이고 동시에 풍요로운 것이다.

  그의 상가엘 다녀왔습니다.
  환갑을 지난 그가 아흔이 넘은 그의 아버지를 안고 오

줌을 뉜 이야기를 들었습니다.
　生의 여러 요긴한 동작들이 노구를 떠났으므로, 하지만 정신은 아직 초롱 같았으므로 노인께서 참 난감해 하실까봐 "아버지, 쉬, 쉬이, 어이쿠, 어이쿠, 시원허시것다아" 농하듯 어리광부리듯 그렇게 오줌을 뉘였다고 합니다.
　온 몸, 온 몸으로 사무쳐 들어가듯 아, 몸 갚아드리듯 그렇게 그가 아버지를 안고 있을 때 노인은 또 얼마나 더 작게, 더 가볍게 몸 움츠리려 애썼을까요. 툭, 툭, 끊기는 오줌발, 그러나 그 길고 긴 뜨신 끈, 아들은 자꾸 안타까이 따에 붙들어 매려 했을 것이고 아버지는 이제 힘겹게 마저 풀고 있었겠지요. 쉬,
　쉬! 우주가 참 조용하였겠습니다.
　　─「쉬」 전문(노작문학상 수상작품집 『달북』, 동학사, 2003)

　가장 최근에 발표된 이 작품은 『홰치는 산』에 농익게 나타난 사람살이의 재현을 다시 한번 확산하고 구체화하고 있는 시편이다. 가령 『홰치는 산』에 실려 있는 「오줌」 연작들에는 "하관을 하고 어허, 달구 마쳤다./야트막한 산, 산세 흘러내리는 대로 따라 내려오니,/산 아래 오니 오줌 마렵다./(아버지!) 붉은 봉분 올려다보며 오줌 눈다,/根 끝, 예까지 흘러내리는 산, 이 길고 긴, 뜨신 끈이여."(「오줌─아버지」)에서처럼, 삶과 죽음을 "길고 긴, 뜨신 끈"으로 연결하는 시인의 상상력이 일관되게 나타나고 있다. "오줌발은, 그 길고 긴 뜨신 끈은 어디까지

닿았을까요"(「오줌―겨울소」)에서처럼 그의 시에 수도 없이 반복되어 나타나는 그 "길고 긴 뜨신 끈"은 물리적으로는 '오줌'을 말하는 것이겠지만, 생과 사, 자아와 타자, 기억과 현실을 잇는 영매(靈媒)적 역할을 하고 있는 것이다.

위의 작품에서 '그'와 '그'의 아버지는 "아흔"이라는 시간을 중심으로 그리고 "툭, 툭, 끊기는 오줌발"을 중심으로 결속되어 있다. 이미 육신의 기능을 소모한 '그'의 아버지가 생전의 어느 날에 '그'의 도움으로 오줌을 누시는 그 풍경을 전해들은 시인은, 그 풍경에 시적인 것을 부여하면서 "우주가 참 조용"했을 거라고 단언한다. 이때 시인이 마지막 행에 배치한 "쉬!"는 방뇨와 침묵을 동시에 독려하는, 이중의 몫을 행하는 그야말로 "덩어리째 유장한 말씀"(「달북」, 『달북』)이 아닐 수 없다. 이러한 우주적 동참은, "방울음산이 그걸 다 내려다보고 있습니다."(「오줌―자주감자」, 『홰치는 산』)라든가 "지상에서 생긴 온갖 소리는 저마다 한없이 날아 올라가 먼 우주 어느 캄캄한 자리에 생생하게 고스란히 쌓여 있고 또 지금도 계속 쌓여 갑니다."(「밤하늘」, 『홰치는 산』)라는 상상력에서도 잘 드러난다.

또한 이러한 우주적 상상력은 그의 대표작이 되어버린 「채와 북 사이, 동백 진다」(『동강의 높은 새』)에서도 구현되고 있는데, 이 작품은 「매화」(『홰치는 산』)에서 미리 선취된 것이기도 하다. 가령 "젓가락 장단으로 아, 뚝 뚝 꺾어낸 억수장대비의 북채로/동백 동백 같은,

늙은 작부의 상처 또한 붉게 씹으리./다시 한 사발, 여자의 과거사를 가득 부어 마시면/지리산, 악산 산 거칠수록 더 여러 굽이 굽이굽이 풀려서/그러나 물이 불어 시퍼렇게 자꾸 깊어가는 섬진강./저 긴 긴 목울대 치받치며 끄윽 끅 꺾이며 흘러가는 거/보라, 逆鱗 떨며 떨리며 대숲은 섧고/또 섧다 난분분난분분 매화 뿌린다."는 절창을 보라. 여기서도 역시 「채와 북 사이, 동백 진다」의 "지리산/섬진강/소리/북채/매화/동백"의 이미지가 어울려 화창(和唱)하는 장면이 잘 드러난다. 그런가 하면 최근 인도를 갔다 와서 쓴 일련의 인도 시편에서도 시인은 "밤에 인도를 내려다볼 수 있다면 그 사람들의 모닥불은 다름 아닌 지상의 수많은 별이리라. 하늘의 별과 조응해서 족히 한 우주를 이룰 것이라 생각."(「인도소풍, 나는 아직 수염을 깎지 않았다」, 『시안』, 2004년 봄)을 선보이면서, 우주적 상상력을 지속적으로 내비치고 있다. 여기서 우리는 『홰치는 산』이 그 상상력의 원형이었음을 자연스럽게 도출할 수 있다.

4. 문인수 시학의 근원인 『홰치는 산』

우리가 보았듯이, 문인수의 시적 동선(動線)은 "터질 듯한 원심력이 그려내는 커다란 쏯"(「염소」, 『동강의 높은 새』)에 의해 그려진다. 그런가 하면 "내 마음 속으로 가는"(「정선 가는 길」) 구심력에 의해 구성되는 세계이기도 하다. 그래서 그는 길 위를 걸으면서 적극적으로 바깥 세계로 초월하려는 열망을 내비치지 않는다. 또한 어떤 사물에 자기를 직접 이입하면서 상상적인 존재 전이를 꾀하지도 않는다. 그저 그는 무시무종(無始無終)의 시간 속을 흘러가면서, 사물들끼리 서로 부르는 풍경과 미적으로 하나가 되면서, 동시에 내면에서 오래 삭힌 '그리움'이랄까 '비애'랄까 하는 것을 하염없이 바라보는 일관된 집착과 적공을 미덥게 보여주고 있다.

 문인수 시인의 초상은, 빛 바랜 어둑한 비탈과 굴곡에서 그리움과 유랑 벽(癖)을 통해 '젖은 말'을 토해내는 자유인의 그것이다. 하지만 실존의 깊이를 존중하는 그의 처연한 언어 감각이 그 자체로 존재의 심층을 형이상학적으로 환기하고는 있으되, 일상의 다양한 세목을 감각적으로 붙들지는 못한다고 보인다. 따라서 그는 원초적 비애와 모성적 자연을 휘돌아 다니면서, 다분히 실존적이고 형이상학적인 질문을 간단없이 던지는 시인이다. 그만큼 그의 시는 우리의 눈을 부시게 하지 않고 아득해지게 한다. 이는 우리 근대 서정시가 오래도록 개척해온, 백석(白石) 이래의 '한국적 서정'의 한 뚜렷한 수범 사례(垂範 事例)라 할 것이다.

 이처럼 "神이옵신 그리움"을 통해 존재의 "뿌리"에 가 닿고 있는 『홰치는 산』이 세상에 고개를 내민 것은 지금으로부터 5년 전인 1999년이다. 그때 문인수 시인은 이 시집을 대구에 있는 〈만인사〉에서 한정판으로

펴냈으나, 지금은 절판되어 사람들의 손길에 쉽게 들어오지 않는다. 이번에 시인이 더러는 보완하고 더러는 빼고 하여 새로이 세상에 나오게 되니, 문인수 시학의 근원을 바라보는 종요로운 거점으로서 이 시집이 널리 읽히기를 소망한다.